Illustration de couverture : Axel Scheffler

Les contes réunis dans cet ouvrage ont été publiés dans le mensuel *Pomme d'Api*
Pomme d'Api : 3, rue Bayard, 75008 Paris

ISBN : 2 227 70148-X
Loi 49-956 du 16 juillet 1949 sur les publications destinées à la jeunesse

Impression et reliure : Pollina S.A., 85400 Luçon - n°76394

Contes d'éléphanteaux, grenouilles, souris et compagnie

Les meilleurs contes de Pomme d'Api

BAYARD ÉDITIONS / POMME D'API

Le bal des animaux

Écrit par Marie Aubinais et illustré par Axel Scheffler

La vache s'est fabriqué
des boucles d'oreilles
avec des boîtes de fromage.
Quelle merveille !
Pour l'odeur,
ce n'est pas tout à fait pareil...

La fourmi s'est acheté
de beaux souliers
à talons hauts
pour ne pas se faire écraser.
Mais l'ennui, sapristi,
c'est qu'elle se tord les pieds.

Le crocodile s'est brossé toutes les dents,
et même les trous de nez dans son élan !
Le mouton s'est fait défriser,
mais c'est un peu raté !

L' éléphant s'est serré la ceinture
pour avoir fière allure.
Devant, c'est très élégant,
derrière, c'est moins sûr !

La poule s'est mis du rouge à bec
et des paillettes sur la crête.
Quelle cocotte-minette !

Quant au pauvre mille-pattes,
il met encore ses souliers.
Quand il aura terminé,
le bal sera fini.
Il n'aura plus
qu'à se déchausser…

Petite histoire pour se lever du bon pied

Écrit par Marie Aubinais et illustré par Anita Jeram

Léopold le cochon vient de se réveiller.
Aujourd'hui, il doit prendre son petit déjeuner
avec l'âne Gaston.
Léopold se lève.
Mais où sont ses chaussures ? Il ne les trouve pas.
Ça le met de mauvaise humeur.
Alors, en s'habillant, il commence à ronchonner :
– Et Gaston, qu'est-ce qu'il fait ?
Déjà dix heures et demie, et il n'est pas arrivé !
Léopold sort de sa maison pour voir le temps qu'il fait,
et il continue de ronchonner :
– Oh, non ! Quelle chaleur !
C'est alors qu'arrive l'oie Clarisse. Elle dit :
– Ça va, Léopold ? Tu viens te baigner avec moi ?

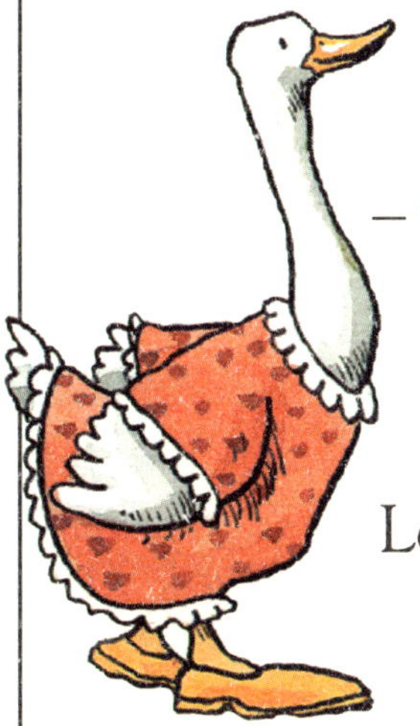

– Non, grogne Léopold, je ne peux pas.
J'ai perdu mes chaussures, et Gaston est en retard.
– Oh là là ! dit Clarisse, toi, tu t'es levé du pied gauche !
Bon, on va arranger ça ! Suis-moi !
Clarisse entre dans la maison et elle ordonne :
– Couche-toi, Léopold !
Léopold n'y comprend rien, mais il obéit tout de même,
en rouspétant, évidemment !
Alors Clarisse déclare :
– Très bien. Maintenant, lève-toi, mais de ce côté-là !
Léopold ne comprend toujours pas,
mais il obéit encore une fois…
… et il retrouve ses chaussures !
Clarisse s'écrie :
– Voilà, cette fois, tu t'es levé du bon pied !
Et, tiens, regarde qui arrive : Gaston,
avec des croissants chauds !
Tu vois, c'est simple, pour bien commencer la journée,
il faut se lever du bon pied !

Grenouilles vertes et chapeaux rouges

Écrit par Helena Bechlerowa,
traduit par Jolanta Pieronczyk et illustré par Axel Scheffler

– J'en ai assez d'être verte !
s'écrie Patte-Verte la grenouille.
– Moi aussi ! Moi aussi ! crient les autres grenouilles.
C'est vrai qu'elles sont vertes, vertes comme l'herbe,
vertes comme les feuilles, vertes comme l'eau,
qui est verte aussi, quelquefois.

Patte-Verte soupire :
– Elles ont de la chance, les coccinelles !
Et les coquelicots, regardez comme ils sont beaux !
Puis elle s'écrie : – J'ai une idée ! Faisons un goûter !
Nous nous ferons des chapeaux avec des coquelicots,
et nous inviterons tous ceux
qui ont du rouge sur eux !

Le lendemain, les invités arrivent pour le goûter.
Il y a des coccinelles, trois fourmis rouges,
un papillon, un rouge-gorge, un pic-vert à tête rouge.
Les grenouilles leur offrent du jus de fleurs
et de la rosée des prés.
Elles sont très fières de leurs jolis chapeaux rouges !
Mais au beau milieu de la fête arrive une cigogne.
Quoi ? Une cigogne ?
La cigogne a un bec rouge et des pattes rouges,
elle a bien raison de se croire invitée.
Seulement, la cigogne
aime beaucoup avaler
quelques grenouilles pour son goûter !

Vite, les grenouilles sautent dans l'herbe verte,
croyant se mettre à l'abri.
Mais elles ont gardé leurs chapeaux rouges !
La cigogne les voit, la cigogne va les attraper !
De derrière une feuille verte,
une vieille grenouille leur crie :
– Ôtez donc ces chapeaux rouges !
Hop ! les chapeaux tombent dans l'herbe,
et les grenouilles disparaissent, vertes dans le vert.
La cigogne regarde autour d'elle. Elle dit, tout étonnée :
– Mais... où sont passées ces grenouilles ?

La cigogne a longtemps, longtemps cherché.
Puis elle a fini par s'envoler, sans goûter !

Construisons une maison !

Écrit par Sergueï Kozlov, traduit par Alexandre Karvovski
et illustré par Susan Varley

– Construisons une maison !
propose un jour Ourson.
Et, avec Hérisson, il se met à scier des troncs.
Le lièvre coupe les branches,
l'écureuil les met en tas.

Le hamster s'assied sur son derrière
pour regarder.
La renarde aussi regarde, assise sur sa queue.
Et le moustique, sur un brin d'herbe,
se met à jouer du violon.

Heureusement, voilà l'éléphant ! Il roule les troncs,
il monte les murs, la maison prend allure.
Les castors font le porche, les pigeons préparent le toit.

La nuit s'est faite dans le bois.
Le lièvre met le feu aux branches
que l'écureuil a mises en tas.
Alors les grillons accourent avec leurs balalaïkas.
Ourson et Hérisson se sont assis sous le porche,
devant la porte.

Le feu crépite, et deux petites flammes dansent
dans les yeux du hamster.
La renarde est si bien qu'elle a fermé les siens.
Les pigeons roucoulent quelque chose
à l'oreille des castors.
La musique chante, le feu crépite,
c'est la fête dans le bois.
Et pourquoi ?
Parce que Ourson
a eu la bonne idée de dire :
« Construisons une maison ! »

Petite histoire pour s'endormir du bon côté

Écrit par Sergueï Kozlov, traduit et adapté par Marie-Hélène Delval et illustré par Anita Jeram

Il était une fois un petit hamster
qui chaque soir s'endormait du côté gauche
et chaque matin se réveillait du côté droit.
Il se demandait bien pourquoi.

Le petit hamster se disait : « Ça ne va pas !
Qui vient donc, quand je dors,
me retourner du côté droit ? »

Ce soir-là, il se couche du côté gauche
comme d'habitude et,
pour voir, il décide
de faire semblant de dormir.
Il fait si bien semblant
qu'il s'endort vraiment.
Et le petit hamster rêve de l'Afrique...
Il voit des zèbres, des girafes,
des éléphants et des singes
qui remuent tout le temps.

Alors, le vieux lion
s'approche, et il dit :
– Ce n'est pas ma faute,
petit hamster, crois-moi,
si tu te réveilles du côté droit !
Et les éléphants
barrissent à leur tour :
– C'est pas nous ! C'est pas nous !
Le crocodile passe son nez
entre les roseaux :
– Ce n'est pas moi
qui viens la nuit, promis !
Et le serpent,
dressé sur sa queue, siffle :
– Ce n'est pas moi,
cher ami, pas moi !

« Mais alors,
pense le petit hamster,
qui vient me retourner,
la nuit, quand je dors ? »

Et, en poussant
un gros soupir,
il se retourne du côté droit !

La belle feuille de chou de Petit-Lapin

Écrit par Helena Bechlerowa, traduit par Jolanta Pieronczyk et illustré par Jonathan Langley

C'est l'hiver, il fait froid.
Plus rien à grignoter dans le bois !
Mais sur le sentier Petit-Lapin a trouvé
une belle grosse feuille de chou.
Il l'emporte vite chez lui pour se régaler.
Mais qui est là, sous les branches de l'églantier ?
C'est le moineau.
Il s'est tordu une aile,
il ne peut plus voler. Et il a soif, très soif.
Petit-Lapin prend le temps
de courir jusqu'au ruisseau.
Avec la feuille de chou, il puise de l'eau
et il revient faire boire le moineau.

Plus que quelques bonds,
et Petit-Lapin sera dans sa maison.
Mais, brusquement, voilà la pluie. Heureusement,
Petit-Lapin a sa belle grosse feuille de chou
pour lui servir de parapluie !
Alors il entend une petite voix :
– Oh là là, je me mouille, je me mouille !
C'est un tout petit hérisson
qui ne marche pas assez vite
pour se mettre à l'abri sous les buissons.
Petit-Lapin s'arrête et il l'abrite
sous sa belle grosse feuille de chou.

Quand l'averse est finie,
Petit-Lapin, qui a très faim,
se dépêche sur le chemin.
Mais au tournant du ruisseau
il voit une souris tombée à l'eau.
Vite, Petit-Lapin lui lance
sa belle grosse feuille de chou.
La souris grimpe dessus,
et Petit-Lapin l'aide
à remonter sur la rive. Mais il a lâché
sa belle grosse feuille de chou, la voilà
qui s'en va comme un petit bateau.
Petit-Lapin soupire : – Tu es sauvée, souris,
mais mon déjeuner est parti. Tant pis !
Alors la souris lui dit : – Viens avec moi.
Je vais te montrer un potager que je connais.
Ne t'inquiète pas, Petit-Lapin,
tu vas manger à ta faim !

L'oie qui portait des bottes rouges

Écrit par Sergueï Kozlov, traduit par Alexandre Karvovski et illustré par Susan Varley

Il était une fois une oie.
L'été, elle se promenait pattes nues.
Mais l'hiver,
elle chaussait de jolies bottes rouges.
Donc, un matin,
l'oie chausse ses jolies bottes rouges
et elle s'en va se promener.
En chemin, elle croise la cane,
avec son manteau de fourrure.
La cane cancane :
– Où t'en vas-tu comme ça, l'oie ?
L'oie répond : – Moi ? Nulle part !
Je fais crin-crin sur la neige
avec mes jolies bottes rouges.

Un peu plus loin, l'oie rencontre la grenouille.
La grenouille coasse : – Où t'en vas-tu comme ça, l'oie ?
– Moi ? Tu ne vois pas ? Je fais crin-crin sur la neige
avec mes jolies bottes rouges !
L'oie continue son chemin.
Mais voilà le petit cochon qui arrive en courant.
Il souffle : – Ouf, ouf ! Je vais rater le train !
Et toi, l'oie, où t'en vas-tu comme ça ?
L'oie répond : – Nulle part.
Je fais crin-crin sur la neige
avec mes jolies bottes rouges !
La locomotive siffle trois fois, le train part.
Trop tard ! Le petit cochon a raté le train !

Il s'assied sur sa valise, et il pleure.
L'oie passe tranquillement devant lui.
Elle n'est pas pressée, l'oie.
Elle fait seulement crin-crin sur la neige
avec ses jolies bottes rouges.
Mais voilà l'ourson qui tire le hérisson
assis sur un traîneau.
L'ourson dit : – Bonjour, l'oie.
Tu viens prendre le thé avec nous ?
L'oie demande :
– Il y aura quelque chose de bon avec le thé ?
– De la confiture d'airelles !
L'oie se pourlèche le bec.
Elle arrête de faire crin-crin
sur la neige et elle grimpe
dans le traîneau. Et l'ourson
les tire tous les deux,
le hérisson et l'oie, qui s'est assise
en faisant bien voir
ses jolies bottes rouges.

La dent d'Esmeralda

Écrit et illustré par William Marshall

Esmeralda a une dent
avec un petit trou dedans.
Sa maman l'emmène chez le dentiste
pour qu'il lui enlève sa dent.
Esmeralda a peur,
Esmeralda ne veut pas.
Elle crie : – Non, non !
Il me fera mal ! Je ne veux pas !

Esmeralda s'échappe.
Esmeralda court, vite, vite,
elle descend les marches
deux par deux.

La maman d'Esmeralda court derrière,
elle se dépêche, vite, vite,
elle descend les marches trois par trois.
Esmeralda court dans la rue, vite, vite.
Elle tourne la tête pour regarder,
elle voit que sa maman est tout près,
sa maman va la rattraper !
Ce qu'Esmeralda ne voit pas,
c'est que le réverbère aussi
est tout près...

Esmeralda se cogne,
BOUM ! très fort
dans le réverbère.
Et, crac ! Esmeralda
perd sa dent, celle avec
un petit trou dedans.

Plus besoin du dentiste
pour la lui enlever !

Ce soir-là, Esmeralda met sa dent sous l'oreiller,
sa dent avec un petit trou dedans.
Sa maman lui dit :
– J'espère que la petite souris
ne courra pas trop vite,
cette nuit, et
qu'elle ne se cognera pas
dans un réverbère
en venant poser
un cadeau
à la place de ta dent,
ta dent avec un
petit trou dedans !

L'écharpe de Polochon

Écrit par Catherine Metzmeyer et illustré par Stefano Tartarotti

Dehors, il gèle, il fait très froid.
Polochon n'a plus assez de bois.
Polochon boutonne son manteau,
Polochon met son écharpe.
Son écharpe lui pique le cou.
Tant pis, il faut se couvrir !
Dehors, il gèle, il fait si froid !
Mais où s'en va Polochon ?
Polochon s'en va à grands pas, sa hotte sur le dos.
Il s'en va chercher du bois.
Le ciel est gris, le ciel est bas.
Et Polochon ne voit pas que son écharpe
s'est accrochée au tas de fagotins, devant la porte.
Polochon s'en va, et l'écharpe se détricote...

Bien loin, Polochon trouve enfin un gros tas de bois.
Il prend une bûche, puis deux, puis trois.
– Qu'as-tu fait ? gémissent une famille de lapins,
deux écureuils et trois moineaux.
– Nous étions à l'abri, là-dessous, bien au chaud !
Polochon leur dit : – Sautez dans mes poches,
venez passer l'hiver chez moi !

Un flocon danse, puis deux,
puis trois, puis des milliers.
Polochon marche dans les flocons,
il tourne en rond,
il s'est perdu tout à fait !
Et l'écharpe se détricote...
– Dieu, que j'ai froid !
dit Polochon.
Les moineaux piaillent :
– C'est normal,
avec ce bout d'écharpe
de rien du tout autour du cou !

Polochon prend dans ses mains
ce qui reste de son écharpe.
Polochon se met à rire tout doucement :
– En route, mes amis !
Je sais comment retrouver
dans la nuit mon chemin.

C'est une nuit de neige, il fait si froid !
Polochon marche dans le noir.
Il suit le fil de laine, il enroule le fil.
Et la pelote se fait, et le fil s'enroule,
et il montre le chemin jusqu'au tas de fagotins.
C'est une nuit de neige.
Vite, il faut faire un bon feu !

La soupe de Petit-Mulot

Écrit par Martine Lambert et illustré par Virginia Miller

Petit-Mulot a faim, très très faim.
Petit-Mulot réclame son dîner.

Maman Mulot sert un grand bol de soupe
à Petit-Mulot, son garçon.
– Cette soupe est trop épaisse ! dit Petit-Mulot.

Maman Mulot met de la crème fraîche
dans la soupe de Petit-Mulot.
– Cette soupe est trop froide ! grogne Petit-Mulot.

Maman Mulot réchauffe sur le feu
la soupe de Petit-Mulot.

– Cette soupe est trop chaude ! grince Petit-Mulot.

Maman Mulot met du lait froid
dans la soupe de Petit-Mulot.
– Cette soupe est trop liquide ! gronde Petit-Mulot.

Maman Mulot ajoute de la mie de pain
dans la soupe de Petit-Mulot.
– Cette soupe est trop fade !
crie Petit-Mulot.

Maman Mulot apporte le sel et le poivre
à Petit-Mulot, son garçon.
– Cette soupe est trop épicée ! hurle Petit-Mulot.

Maman Mulot répond :
– Alors, cette soupe n'est pas pour toi,
et tu n'en auras pas !
Et elle mange la soupe de Petit-Mulot.
Tant pis pour lui !

Bébé éléphant

Écrit par Ann Devendorf, traduit et adapté par Marie-Hélène Delval et illustré par David McPhail

Dans la savane, il y a un bébé éléphant
qui ne sait pas encore se servir de sa trompe.
Quand il a soif, il trouve bien l'eau du lac,
mais il n'arrive pas à trouver sa bouche
et il souffle l'eau à côté, floutch !
La première fois, il douche le zèbre. Floutch !
Le zèbre grogne : – Ce n'est pas drôle,
pas drôle du tout !
Bébé éléphant répond :
– Je n'essaie pas d'être drôle,
j'essaie seulement de boire.
Mais je ne trouve pas ma
bouche avec ma trompe !
– Entraîne-toi !
dit le zèbre.

Bébé éléphant essaie encore,
et, cette fois, il douche l'hippopotame. Floutch !
L'hippopotame gronde :
– Ce n'est pas drôle, pas drôle du tout !
Bébé éléphant répond :
– Je n'essaie pas d'être drôle,
j'essaie seulement de boire.
Mais je ne trouve pas ma bouche avec ma trompe !
– Entraîne-toi ! dit l'hippopotame.

Bébé éléphant essaie encore.
Il plonge sa trompe dans l'eau,
il la relève, il cherche sa bouche, à gauche, à droite,
plus haut, plus bas.
– Hé là ! Doucement ! crie madame souris.
Je n'ai pas envie d'une douche, moi !
Bébé éléphant reste la trompe en l'air.
Mais madame souris dit : – Je vais t'aider.

Elle grimpe le long de la patte de bébé éléphant,
elle s'assied sur sa tête, puis elle crie :
– Trompe en haut ! Plus haut ! Trompe à gauche ! Souffle !
Bébé éléphant souffle, floutch !
Et il sent l'eau fraîche
descendre délicieusement dans son gosier :
– Ah ! Que c'est bon ! Encore une fois !
Et madame souris crie encore une fois :
– Trompe en haut ! Plus haut !
Trompe à gauche ! Souffle !
Au bout de cinq ou six fois, bébé éléphant
a appris à boire sans doucher personne.
Il dit : – Merci, madame souris !
Et il plonge sa trompe dans le lac
pour boire encore une fois,
tout seul !

L'anniversaire de Georges

Écrit par Marie Aubinais et illustré par Anita Jeram

Pour son anniversaire,
Georges le coq a invité ses amis :
les animaux de la Chevrottière,
qui parlent français,
et ceux de Porchouilly,
qui parlent à leur façon,
en porchouillot.
Tout le monde est arrivé.
La fête commencera
demain.

Le moment est venu
pour Georges
d'installer ses amis dans sa maison.
Georges décide de parler
d'abord en français, puis en porchouillot.
Il commence en français
pour ses amis de la Chevrottière :
– C'est ici que vous pouvez vous laver.
Lavez-vous, lavez-vous pour être beaux
et sentir bon demain !
Puis il poursuit en porchouillot
pour ses amis de Porchouilly :
– C'est ici que vous pouvez
vous proprotter.
Proprottez-vous, proprottez-vous
pour être beaux et sentir bon demain !

Continuant la visite, Georges dit ensuite :
– Mes amis de la Chevrottière,
si vous voulez téléphoner,
le téléphone est à votre disposition.
Téléphonez quand vous voulez.

Puis il poursuit : – Mes amis de Porchouilly,
si vous voulez pouetpoueter,
le téléphone est à votre disposition.
Pouetpouetez quand vous voulez.

Continuant la visite, Georges dit ensuite :
– Mes amis de la Chevrottière,
voici les cabinets pour faire pipi.
Les garçons font pipi de ce côté-ci,
les filles font pipi de ce côté-là.

Puis il poursuit : – Mes amis de Porchouilly,
voici les cabinets pour faire zizar popo tagada.
Les garçons font zizar popo tagada ici,
les filles font zizar popo tagada là.

Continuant la visite, Georges dit ensuite :
– Mes amis de la Chevrottière,
cette pièce, c'est pour dormir.
Dormez bien pour être en forme demain.
Puis il poursuit : – Mes amis de Porchouilly,
cette pièce, c'est pour ron-pchiter.
Ron-pchitez bien
pour être en forme demain.

Le lendemain, les amis de Georges ont bien dormi,
ils se sont lavés et ils ont fait pipi.
Alors, la fête commence,
et ils s'amusent comme des fous.

Ce qui en porchouillot se dit :
le lendemain,
les amis de Georges
ont bien ron-pchité,
ils se sont proprottés,
ils ont fait
zizar popo tagada.
Alors la fête commence !
Et ils se ribouldinguent
comme des fous.

Dur, dur, la vie sans doudou !

Écrit par Bénédicte Rauch et illustré par David McPhail

Le plus grognon des petits lapins, ce matin,
c'est Marcelin Grignotin.
Marcelin a perdu son doudou.
C'est dur, dur, la vie sans doudou !
Voici Érik Kipik, le hérisson, avec son doudou tout rond,
une bogue de châtaigne tout usée
à force d'être tripotée.
Érik Kipik dit : – Tu veux l'essayer, Marcelin ?
Marcelin tend la patte, mais...
– Aïe, aïe, ça pique ! Ce n'est pas un doudou pour moi !

Et voilà Thibaut Chantefo,
le moineau, avec son doudou léger,
une plume de sansonnet tout ébouriffée.

Thibaut Chantefo dit :
– Tu veux l'essayer, Marcelin ?
Marcelin l'approche de son museau. Mais...
– Atchoum, atchoum, ça chatouille !
Ce n'est pas un doudou pour moi !

Puis il voit Bruno Croquegro, le souriceau,
qui se caresse le museau avec son chiffon.
Bruno Croquegro dit :
– Tu veux l'essayer, Marcelin ?
Il sent bon, ma maman s'en servait
pour emballer le fromage.
Marcelin se frotte le nez avec le chiffon. Mais...
– Pouah ! Pouah ! Ça sent mauvais !
Ce n'est pas un doudou pour moi !

Marcelin Grignotin se sent tellement chagrin
qu'il se met à pleurer. Alors, il sort de sa poche
le grand mouchoir que sa maman lui a donné et…
– Hmmm ! Mais ça sent bon ! Ça ne chatouille pas,
ça ne pique pas, c'est doux juste comme il faut,
c'est un doudou pour moi, c'est mon nouveau doudou !
Et Marcelin est reparti, tout ravi,
car c'est doux, doux, la vie quand on a un doudou !

Au lit, les chats !

Écrit et illustré par William Marshall, traduit par Marie-Hélène Delval

Madame Chat a bien des problèmes avec ses enfants chats !
Quand c'est l'heure d'aller au lit, ils crient :
– On n'a pas sommeil !
– On n'a pas fini de jouer !
– Il ne fait pas encore nuit !
Et ci, et ça, et c'est tous les soirs comme ça.
Mais, un beau soir, madame Chat a une idée.
Elle réunit ses enfants chats,
Picha, Pacha et Macha, et elle leur dit :
– Écoutez bien, on va jouer à un jeu !
Chacun de vous va courir
se cacher dans un coin.

Quand vous serez bien cachés,
vous mettrez votre tête entre vos pattes,
vous fermerez bien les yeux et vous compterez tout bas,
très lentement, jusqu'à cent.
Alors moi, j'essaierai de vous retrouver.
Picha, Pacha et Macha sont très excités !
Ils se mettent à sauter en poussant des cris :
– Oh oui, maman, oh oui !
Et tous les trois, ils courent se cacher.
Picha se cache entre les livres,
Pacha dans le panier à tricot,
et Macha dans un carton vide
qui sent bon le chocolat.

Ils mettent leur tête entre leurs pattes,
ils ferment bien les yeux, et ils commencent
à compter tout bas : – Un, deux, trois...
Madame Chat attend un petit moment.
Puis elle se met à la recherche de ses enfants.
Elle trouve Picha endormi entre les livres,
Pacha qui ronfle doucement,
bien au chaud dans le panier à tricot,
et Macha qui sourit en rêvant
d'une grande usine de chocolat
où elle a le droit de tout lécher,
même le praliné et le chocolat au lait !

Madame Chat transporte ses enfants chats
un par un, tout doucement, jusqu'à leur panier.
Et puis elle bâille un grand coup,
et elle s'installe, elle aussi, pour la nuit.

La rentrée d'Autruchon

Écrit par Odile Hellmann-Hurpoil et illustré par Stefano Tartarotti

Ce matin, Autruchon s'est réveillé tôt.
C'est qu'il va à l'école pour la première fois !
Sur le chemin, il tire maman Autruche par l'aileron :
– Je veux retourner avec toi à la maison !
Sa maman lui répond :
– Voyons, Autruchon, tu as l'âge d'aller à l'école
et de te faire des copains !

La maîtresse, madame Antilope,
accueille les enfants dans sa classe,
une classe au sol de sable fin.
La maîtresse fait l'appel : – Ti-Rhino, Zébrette,
Girafine, Éléphanteau, Autruchon !
Les enfants répondent :
– Présent ! Présent !
Seul Autruchon ne dit rien.
La tête cachée
dans le sable, il croit
que personne ne le voit.

La maîtresse sourit, elle connaît bien les autruchons !
Elle le laisse tranquille, et elle déclare :
– Nous allons apprendre une jolie chanson !
Autruchon sort un peu la tête,
il aime bien les chansons.

Et, maintenant, un peu de musique !
Ti-Rhino et Zébrette soufflent dans des trompettes.
Les autres agitent des tambourins.
Autruchon sort un peu plus la tête :
c'est drôlement chouette, la trompette !

La maîtresse frappe des mains :
– Allez, on danse, en cadence !
Un pas en arrière, deux pas en avant,
on salue, et on recommence.
Tip, tap, top… Tip, tap, top…
Autruchon sort complètement la tête.
Mais, boum badaboum !
Éléphanteau s'emmêle les pieds,
il tombe sur le derrière.
Autruchon lui crie :
– Espèce de gros patapouf,
tu danses comme un potiron !

La maîtresse relève Éléphanteau,
puis elle dit, mine de rien :
– Tiens, Autruchon, te voilà enfin !
Eh bien, montre-nous donc de quoi tu es capable !
Autruchon mène la danse,
et sa tête se balance avec élégance…
Quand la séance est finie, Autruchon est ravi,
ses copains lui sourient.

Soir d'orage

Écrit par Didier Dufresne et illustré par Gitte Spee

Plus que gris, presque noirs, ils arrivent, les nuages.
On va voir ce qu'on va voir !
– J'ADORE LES NUAGES ! hurle Lola.
L'orage éclate, patatrac !
Les éclairs, à grands coups de ciseaux,
découpent les nuages en tout petits morceaux.
– MAMAN, JE N'AI PAS PEUR ! crie Lola.

Le tonnerre qui arrive au galop
fait trembler la maison
et s'enfuir les oiseaux.
– PAPA, JE N'AI PAS PEUR ! dit Lola.

Tac ! Tac ! Tac ! Les grêlons !
C'est le ciel qui joue aux billes
sur le toit de la maison.
– MOI, JE N'AI TOUJOURS PAS PEUR !
murmure Lola.

Le caniveau est une rivière, la pluie jaillit
de la gouttière.
Toute l'eau du ciel est sur la terre.
— PAS PEUR, PAS PEUR DU TOUT !
chuchote Lola.

Mais du ciel noir surgit un gros éclair,
suivi d'un grand coup de tonnerre. Plus de lumière !
— PAPA ? MAMAN ? OÙ ÊTES-VOUS ?
JE CROIS QUE J'AI PEUR TOUT À COUP…
dit Lola d'une toute petite voix.

Petite histoire pour prendre l'été du bon côté

Écrit par Sergueï Kozlov, traduit et adapté par Marie-Hélène Delval
et illustré par Anita Jeram

Ce jour-là, le lièvre s'imagine que l'herbe, c'est de l'eau,
et que lui, le lièvre, il est un poisson.
Et le lièvre se met à nager
en remuant sa queue, ses oreilles
et ses pattes comme des nageoires.
Le hamster demande : – Qu'est-ce que tu fais ?
– Tu vois bien, je nage !
Et le hamster se met à nager aussi.
Ourson arrive alors et il se met à nager comme eux
en remuant son gros derrière.
Le lièvre chuchote : – Ne me pousse pas,
il y a assez d'eau pour tout le monde !
– Pourquoi tu chuchotes ?
demande Ourson en chuchotant aussi.
– Parce que les poissons ne parlent pas à haute voix !

Écureuil sort de chez lui.
Quand il voit tous ces poissons
nageant vers sa maison,
il court chercher sa canne à pêche.
Il attrape le lièvre avec une carotte,
et le hamster avec une feuille de chou.
Et pour pêcher Ourson, Écureuil accroche
au bout de sa ligne un gros pot de miel.
Quand ils sont tous assis pour le goûter, le lièvre dit :
– On a bien joué !
– Oui, dit Ourson.
Mais il faudra recommencer :
vous n'avez même pas deviné
que j'étais la grosse baleine aux tout petits yeux !

La souris qui ronchotte

Écrit par Georges Ratkoff et illustré par Hermann Altenburger

La souris qui ronchotte conduit un autobus
de Malinotte-le-bas à Malinotte-le-haut.
Entre ces deux villages,
l'autobus s'arrête six fois devant des maisons.
Ce matin, la souris qui ronchotte s'arrête
à la première maison. Un lapin lui fait signe.
La souris qui ronchotte lui demande : – Qui es-tu ?
– Je suis le lapin qui mâchotte.
– Monte !

Et le lapin qui mâchotte va s'asseoir
derrière la souris qui ronchotte.
L'autobus repart. Il roule,
et il s'arrête à la deuxième maison.
Un papillon lui fait signe.
La souris qui ronchotte
lui demande : – Qui es-tu ?
– Je suis le papillon qui gesticotte.
– Monte !
Et le papillon qui gesticotte va s'asseoir
derrière la souris qui ronchotte
et le lapin qui mâchotte.

L'autobus repart. Il roule
et il s'arrête à la troisième maison.
Un hibou lui fait signe. La souris qui ronchotte
lui demande : – Qui es-tu ?
– Je suis le hibou qui dormotte.
– Monte !
Et le hibou qui dormotte va s'asseoir
derrière la souris qui ronchotte,
le lapin qui mâchotte et le papillon qui gesticotte.
L'autobus repart. Mais la côte est dure,
il a bien du mal à rouler.
Enfin, il s'arrête à la quatrième maison.
Un chien lui fait signe.
La souris qui ronchotte
lui demande : – Qui es-tu ?
– Je suis le chien qui reniflotte.
– Monte !
Et le chien qui reniflotte va s'asseoir
derrière la souris qui ronchotte,
le lapin qui mâchotte,
le papillon qui gesticotte
et le hibou qui dormotte.
L'autobus repart.
Il avance tout doucement
en montant la côte, et il arrive
à une cinquième maison.
Un merle lui fait signe.
La souris qui ronchotte
lui demande : – Qui es-tu ?
– Je suis le merle qui chantotte.
– Monte !

Et le merle qui chantotte va s'asseoir
derrière la souris qui ronchotte,
le lapin qui mâchotte, le papillon qui gesticotte,
le hibou qui dormotte et le chien qui reniflotte.
L'autobus repart.
Mais il est si chargé que, tout à coup, il s'arrête.
Un nuage de fumée s'échappe du moteur.
La souris qui ronchotte descend
et elle voit le moteur complètement cassé !
Alors, la souris qui ronchotte dit à ses passagers :
– Plus question de ronchotter, mâchotter,
gesticotter, dormotter, reniflotter, chantotter.
Maintenant, il faut monter à pied !

Lili kangourou n'aime pas les petits pois !

Écrit par Martine Gaudillat
et illustré par Sally Hobson

Un jour, maman kangourou donne à sa fille, Lili kangourou, des petits pois pour son déjeuner. L'ennui, c'est que Lili kangourou n'aime pas du tout les petits pois.

Elle se fâche, elle s'énerve,
puis elle se met à bouder.
Si bien que sa maman la laisse
finir ses petits pois toute seule.

Tout à coup,
Lili kangourou
a une bonne idée :
avec sa patte, elle ouvre bien grand
la poche de son ventre, et avec l'autre patte, hop !
elle glisse des petits pois dedans.
Puis elle sort de table en disant bien fort :
– Ça y est, maman, j'ai fini !

Le soir, papa kangourou rentre du travail,
et il s'amuse avec sa fille :
il l'attrape et, hop là ! hop là !
il la lance en l'air.

D'habitude,
cela amuse beaucoup
Lili kangourou.
Mais, ce soir,
elle ne rit
pas du tout,
et elle tient à deux mains
la poche de son ventre.

Soudain, une pluie de petites boules vertes
tombe sur la tête et les épaules de papa kangourou,
qui se met à rire aux éclats,
et qui dit avec un air coquin à Lili kangourou :
– Ah ! je comprends, tu voulais garder des petits pois
pour le dîner !

TABLE DES MATIÈRES